Prolog

Mutter im Wohnzimmer.

Vater auf.

Vater. Magarete! Ich habe ihn gesehen und die Haustür verrammelt, aber ich vermag nicht zu sagen wie lange ihn das aufhalten kann, ich sah kalten Hass in seinen Augen lodern, es schauert mich immer noch. Ist der Junge versteckt?

Mutter. Frank ist in der Speisekammer, dort wird er gut aufgehoben sein. Es gibt genug Verstecke und noch den Kohleschacht, falls das Heil nur in der Flucht zu finden ist.

Vater. Gut so, dass er mir ja da bleibt. Hörtest du es Rumpeln? Warte hier, ich werfe eben einen Blick auf die Treppe.

Vater ab.

Mutter. Oh weh, achte auf dich mein lieber Mann. Womit haben wir solches Leid verdient? Was soll nur aus dem Jungen werden? Ohne uns .Niemals werde ich seine erste Liebe sehen, seinen Fechtstunden beiwohnen oder meine Enkelkinder in die Arme nehmen. Zu gerne hätte ich gesehen, was ich der Welt hinterlasse und vielleicht, so Gott will, auch hier und da einen Stoß in die richtige Richtung gegeben.

Vater auf.

Vater (*entsetzt*). Er kommt, der Teufel schreitet langsam einher, als würde er jeden Schritt, der ihm sein Ziel greifbarer macht, mit kindlicher Freude genießen. Wie verdorben ein Mensch sein kann, spiegelt sich in seinem Antlitz.

Mutter (*ängstlich*). Uns bleibt noch die Flucht mein Liebster, es muss nicht hier enden!

Vater. Fliehen? Nur um wieder wie ein Fuchs in seinem Bau gefangen zu sein, den Jäger und seine Hunde stets auf den Fersen. Nein! Es endet hier und heut zum Guten oder zum

Schlechten. Ein Leben ohne innehalten ist wie ein langer Sturz. Ich habe den Teufel geschaffen aus Mitleid und so Gott ihn mir als Richter schickt, will ich mich beugen.

Rasmus tritt ein.

Mutter (*schreiend*). Teufel! Beelzebub und Ziegenfuß!

Vater. Schweig Weib! Dies ist Männersache. Ich bitte dich, lass ab von mir und beflecke mein Haus nicht mit Sünde. Hätte ich um deine Existenz gewusst, so hätte ich anders gehandelt. Ich bereue und will alles tun um es gut zu machen.

Rassmus. Du hattest die Wahl und du hast gewählt, zu spät für Sühne, das Verdikt heißt Rache!

Rassmus tötet sie.

1. Akt 1. Szene

Zu Tische in einer Wirtschaft im studentischen Kreis.

Frank lesend. Julianus trinkend. Mehrere Studenten.

Student. Lang ist es her, dass wir einen Fall hatten wie diesen. Wie ein Sisyphos ackere ich mich ab, aber es wird sich lohnen, ich freue mich der Tage der Arbeit nach dem Examen, der Tage voller Reichtum.

Student 1. Ich habe gestern ein vortreffliches Gespräch mit dem Gildenmeister der Tuchhändler geführt, so ich seine Tochter eheliche, will er mich als den Advokat verdingen.

Welch goldene Zukunft dies verspricht, ich sage euch, die Zukunft unserer Sache liegt weit ab der kalten Säle Justiziars. Nicht mehr länger geht es für uns nur um Recht und Unrecht, vielmehr ist der Jurist ein Händler, dessen Tauschwaren Schuld, Sühne und Unwahrheit heißen.

Student 2. So ich meine Tage in dieser schnöden Stadt beendet habe und mein Vater mich von der Last des Studiums erleichtert, will ich alles hinter mir lassen und was ich hier lernte verdammen. Welch Freude wird es wieder den Reigen des Bacchus zu tanzen, im väterlichen Schloss bei Liechtenstein, mit Dirnen und Würfelspiel. Nichts gegen euch meine Lieben.

Frank schlägt laut sein Buch zu.

Julianus. Oh Frank, armer Frank. Als wüssten sie nicht, dass es ihn zur Weißglut treibt, lamentieren sie immer, wenn er sich einmal zu uns gesellt, über ihre Pläne und immer endet es gleich, was für ein schönes Schauspiel.

Frank. Ein paar feine Burschen seid ihr mir, was würden wohl die alten Meister der Antike sagen. Wo ist eure Suche nach Wahrheit? Wo euer Interesse an höhere Ziele? In unseren Händen liegt es zu verändern was Unrecht ist! Denkt doch an die Reden Ciceros und das, was sie in Rom bewirkten, ihr redet dem Professor falsch nach dem Mund und studiert fleißig die Kunst der Rhetorik, doch vergesst ihr gänzlich den Geist der Idee, dem unser Amt entsprang.

Bei Gott, wir sind Juristen!

Wie könnt ihr daherreden wie eitle Pfeffersäcke?

Student 1. Wer hätte sich gewundert, es aus deinem Munde zu hören Frank. Doch sei du ruhig Idealist. Frage dich, wer soll in einer Welt voller Idealisten der Gesellschaft unseren Halt geben, sind es nicht die, die du Pfeffersäcke nennst? Ich sehe nichts Übles in unserem Denken und Handeln.

Frank. Kein Übel? So nehmt die Scheuklappen ab, die sich Geld und Karriere schimpfen!

Sieh die Kriege, die Armut und die Ungerechtigkeit! Wir selbst sperren uns in goldene Gitter, doch können sie nicht den Gestank abhalten, der unserer Gesellschaft anhaftet!

Habt ihr nicht zu Füßen Justitiars gekniet und geschworen, was ich schwor?

Sind so schnell vergessen die Eide, die euch binden? Voller Scham muss ich auf meinen Berufsstand blicken. Oh Justitiar, mögen deine Ohren taub sein für die Worte solcher Lumpen.

Student 1. Mäßige dich Frank! Solch ungestüme Worte sind hier nicht gern gehört. Gesegnet bist du mit großem Geist, aber auch mit Schwachsinn, wie es mir scheint. Armut und Krieg sind Teil der Welt, ebenso wie Tag und Nacht, auch deine geliebten Helden der Antike konnten diese Übel nicht tilgen.

Wie könnten sie auch, ohne die Menschheit selbst zu tilgen. Wir waren einst Dreck und werden wieder Dreck sein und wie kann man voller Verblendung just so daherreden, wenn doch alles am Ende doch wieder nichts ist.

Es war und wird immer so sein.

Frank. Hades und Hölle wären noch zu gut für euch.

Frank Ab.

Studenten blicken Julianus an.

Student 2. Und Julianus, willst du ihm nicht hinterherlaufen, deinem „Freund", wie armselig dein Versuch ist, sich an ihm aufzurichten.

Bevor er hier studierte, warst du ein Nichts und wenn er so weitermacht, wird er bald der Universität verwiesen und du bist wieder der kleine unbedeutende Schatten.

Julianus. Halt besser deinen vorlauten Mund! Keiner von euch reicht an den großen Geist meines Franks heran. Wäre euer Geist nicht so ein dünnes Rinnsal der Selbstsüchtigkeit, könntet ihr, wie ich, aus der erfrischenden

Quelle seines Geistes schöpfen.

Ihr alle werdet im Dunkel der ungnädigen Zeit versinken, doch Frank wird ihm trotzen!

Student 3. Und du hoffst seine Fußnote zu sein?

Es gäbe keine Beleidigung, die noch auszusprechen wäre, die nicht schon hundertmal hinter deinem Rücken, mit deinem Namen genannt und dir ins Gesicht gesagt. Von vielen hier.

Doch merke dir, dass schon so manch dummes Tier von vergifteter Quelle soff; und nun scher dich!

1. Akt 2. Szene

Eine Gasse, Illia auf und ab gehend.

Illia. Oh weh mir, wo bleibt er nur. In bald einer Stunde muss ich zurück ins väterliche Haus.

Vielleicht ist es auch früher als ich denke, meine Sehnsucht lässt mich jeden Augenblick als Ewigkeit empfinden.

Frank auf, schleicht sich an und überrascht sie.

Frank. Der Moment ist ein seltsames Ding, wenn die Liebe das Herz toben lässt.

Jeder Moment mit dem ersehnten ist zeitlos und ewig, aber auch jeder Moment ohne ihn ist zeitlos und ewig, doch sind sie in ihrer Art verschieden, wie Himmel und Hölle.

Illia. Wer belauert mich da?

Frank. Keiner lauert deiner; oder lauert der

Dichter der Muse, der Maler dem Modell, der Mond den Sternen? Wäre ich benannt nach meinem größten Wesenszug, so wäre „Illias Verehrer" schon genug.

Illia *(fällt ihm in die Arme).* Oh Frank! Du Schelm, du liebenswürdiger, engelsgleicher Schelm. Einen Schrecken hast du mir eingejagt. Aber warum diese Miene?

Frank. Es ist nichts, Illia, will uns nicht die Momente der Blumen mit dem Jauchegestank meines Grolls versauern.

Illia. Jauche ist der Dünger für die schönsten Blumen.

Frank wendet sich ab.

Frank. Ich stritt mich wieder mit meinen Mitstudenten, ihre Verbohrtheit und geistige Kleinheit macht mich rasend. Wieso können sie nicht erkennen, wie unendlich all das ist, was jenseits ihrer Sinne liegt.

Wo ist der Mensch in ihnen, wo der Verstand, der ihnen das menschliche Wesen im Ganzen lieb macht und sie von den Fesseln, die sie sich selbst anlegen, löst?

Können sie nicht blicken die heilige ewige Wahrheit, die außerhalb ihres Fleisches lebt?

Spiegelt nicht ein Ding in ihrem Leben und wenn es ihr prunkvoller Zierrat ist, sie selbst wieder, so dass sie sehen können, was ich sehe? Die Fratze des Gewöhnlichen!

Wie leer sind doch ihre Blicke, wenn sie einander anschauen! Wie leer und falsch ihre Worte, wenn sie einander bereden.

Wie kalt muss ihr Herz sein, wenn es nicht entflammt von den Gedanken der Freiheit, die sie zu denken sich zieren. Dumm und dümmer sind sie, Menschen die doch keine sind.

Sperren wir sie in Ställe, keiner wird sie vom Vieh unterscheiden können!

Illia *(umarmt Frank)*. Wehe Frank, beruhige dein Gemüt, freue dich derer und schare um dich die, die deinem Gemüte gleichen. Blicke aufwärts und lass diese Leute nicht der Ballast sein, der deinen Geist sinken macht. Je heller du strahlst, umso eher werden sie erkennen.

Frank. Ja. Ja meine Liebe, du hast recht, welch Wüterich ich wohl wäre, wenn du nicht in solchen Momenten mir die Vernunft gäbest. Du meine Illia bist so jemand, vom ersten Tage an, als ich dich hier erblickte, wusste ich, dass du mir ein ganz besonderes Gut sein würdest. Wie wir glänzen würden, einander ewig in Liebe gegeben.

Illia. Doch sind wir jetzt wie die Gestirne Himmel und Mond, weder können wir des Tages einander berühren, noch des Nächsten einander wärmen, wie Sonne und Mond ist uns nur in der Dämmerung ein kurzer Augenblick geschenkt, wie sehr der Mensch sich doch widerspiegelt in dieser Welt.

Frank. Doch will ich Zeus sein und das Gefüge ändern. Sollen Sonne und Mond einander treffen. Soll die Sonnenfinsternis über die Schöpfung kommen und das ewige Zwielicht Einzug finden, in dem wir einander blind lieben können.

Illia. Das kann und darf nicht Frank, du weißt es.

Frank. Es muss und wird. Morgen werde ich deinem Vater, den Professor, um seinen Segen bitten.

Illia. Lass ab von dieser Idee, mein mutiger Frank, mein Vater wird nicht erlauben, dass...

Frank. Vertraue mir, ich kenne deinen Vater, habe jedes seiner geschriebenen Worte gelesen und ich erkenne viel von seinem Geist in dem meinem wieder, er wird der Liebe Bande nicht zerschneiden. Unendlich stärker als alles andere ist die Liebe, so muss sich ihr als überirdische Macht alles beugen, so hat er geschrieben und gesprochen und so er erkennen wird wie unsere Liebe ist, wird er nicht anders können als ihr statt zu geben.

Illia. Ich bitte dich Frank nimm Abstand von diesem Gedanken, du wirst das Zarte, was wir haben brechen, mein Vater wird verneinen und wir beide werden darunter leiden. Beende dein Studium und lebe dein Leben und lass uns freuen, dass wir diese Jahre, die du hier bist, einander haben.

Frank. Die Jahre? Illia, der Tag an dem ich von dir scheide, soll der Tag sein, an dem mein Leben endet, das schwöre ich dir. Wir sind einander gegeben in ewig.

Oh welch gute Zeit liegt vor uns, welch große Dinge ich und mein Schwiegervater vollbringen werden. Wie das Wort des einen das andere erhöhen wird bis unsere Stimmen die Gestirne streifen.

Illia. Schwöre nicht Frank, du bist zu ungestüm. Wäre dein Geist nur etwas weniger aufrührerisch.

Frank: So wäre ich nicht der Mann, den du liebst. Ich werde deinen Vater überzeugen und wenn es mich Leib und Leben kostet. Dein Vater und ich sind aus demselben Stein geschlagen. Es tagt. Meine lieb ich sehe dich bald, achte auf dich.

Frank ab.

Illia. Achte auf dich Frank und lass dein Herz nicht zerspringen, wenn der Marmor, aus dem du meinen Vater immer mit Worten zu meißeln pflegst, bröckelt. Wie bitter die Ernüchterung nach einem Rausch sei kann, vermag ein Mann erst an einem Mann erfahren. Wird nicht der Gläubige Wahnsinn trinken, wenn er sein heiliges Buch leer vorfindet. Oh, wie ungestüm deine Natur ist, möge deine Liebe zu mir dich wappnen, ich werde tun was ich kann.

1.Akt 3. Szene

Julianus sitzt in seiner Bude und paukt. Plötzlich stolpern Frank und drei Theologiestudenten betrunken in die Bude.

Frank *(lallend)*. Ju.. Juli... Julian... Juliiiianus! *(Frank geht rasant zu dem Pult und fegt mit einer Bewegung die Unterlagen vom Tisch.)* - Julianus, genug ist es mit dem Lernen, es gibt Vermählungen zu feiern. Morgen zu dieser Stund, werd ich verlobt und diese dort, dies Pfaffenpack, verheiratet sich mit dem Allmächtigen, daher lasset uns vierfach, was sage ich Julianus, zehnfach, ach zwanzigfach bechern. *(Laut rufend)* Oh Herr uns dem Rausch und dir den Schädel.

(Frank stimmt an und die Theologen stimmen mit ein, sie treten nach vorne.)

Hier sind wir versammelt zu löblichen Tun,

Drum Brüderchen, ergo bibamus!

Die Gläser, sie klingen, Gespräche, sie ruhn;

Beherziget: ergo bibamus!

Das heißt noch ein altes, ein tüchtiges Wort

Und passet zum ersten und passet sofort

Und schallet ein Echo, vom festlichen Ort,

Ein herrliches: ergo bibamus!

Freeze.

Julianus tritt nach vorne (Monolog).

Julianus. Man mag glauben die Quelle des brausenden Wasserfalles seiner Gedanken, ihren Ursprung in den Untiefen der Brauhauskeller findet. Jeden Abend ist es das gleiche, ich studiere mir das Mark aus den Knochen und er trinkt sich den Verstand aus dem Schädel. Dies bewundere ich, – dies beneide ich zutiefst. Man stelle sich vor, alle täten dies, welch ein grausamer Ort diese Welt wäre und um so viel heiliger Frank, inmitten der menschlichen Lasterhaftigkeit strahlen würde.

Julianus kehrt an seinen Platz in den Freeze zurück. Freeze Ende.

3. Mich ruft mein Geschick von den Freunden hinweg;

Ihr Redlichen, ergo bibamus!

Ich scheide von hinnen mit leichtem Gepäck,

Drum doppeltes: ergo bibamus!

Und was auch der Filz vom Leibe sich schmorgt,

So bleibt für den Heitern doch immer gesorgt,

Weil immer dem Frohen der Fröhliche borgt:

Drum, Brüderchen: ergo bibamus!

Frank. Sage Freund *(zu einem Theologen)*, spracht ihr nicht von einem Schlüssel, dem der Kapelle, der uns die Pforten des Himmels durchschreiten ließe? *(Sich an den Schultern des Theologen abstützend.)*

Theologe 2. Mein Guter, ich mag nicht Petrus sein, dem dies als Aufgabe gilt, aber den Pfarrer vermag ich zu überlisten. Dies soll meine letzte Sünde sein, bevor ich den Kragen.

Frank. Euer Gedanke zeigt mir Wohlgefallen!

Julianus. Mir schwant übles, ihr wollet doch nicht…

Frank. Wer spricht hier von Willen, es ward als wäre es Schicksal. Deus vult!

Alle zusammen *(Julianuns nicht)*. Deus vult!

Julianus. Wie könnt ihr nur einen Gedanken daran verschwenden, einen heiligen Ort zu entweihen.

Frank. Heilig sagst du, ich spreche von einem Tollhaus der Geschichte! *(Steigt auf das Pult.)* Waren sie heilig die Kreuzzüge nach Jerusalem, waren Hexenverbrennungen Gott gefällig und kann es Gottes Wille sein, dass die Anklage dem Schuldspruch gleich kommt? Ich spucke auf all dies. Heute Nacht soll der Kapelle Weihwasser unser Bier, ihre Gebete unsere Späße und ihre Messen unser schallend Trinkgesang sein. Heute Nacht schlagen wir Bacchus ans Kreuz.

Theologen *(erheben ihre Maße und stoßen an).* Auf unser ewig Tollhaus, auf unseren Frank.

Theologe 1. Kommt ihr Kerle, auf nach Jerusalem, denn unser Heiland heißt Frank.

Alle verschwinden hinter dem Vorhang, bis auf Julianus. Julianus alleine in seinem Zimmer.

Julianus. Sind sie nicht alle gleich, die Pfaffen, diese Pfeffersäcke und Amtsträger? Er zieht sie an, wie das Licht die Motten, aber sind wir nicht alle nur Motten, die nach dem Licht streben, mit ausgestrecktem Arm, um sich die Finger zu verbrennen? *(Rufe aus dem Off.)*

Vorhang geht auf. Eine Kirche und Bänke erscheinen. Frank steht am Altar und schwingt mit seinem Krug und Theologen jubeln ihm zu.

Theologen *(durcheinander rufend).* Predigt!

Messe! Tollhaus!

Frank. Lasst mich euch von einem Mann sprechen, nicht irgendeinen, sondern meinen Professor, den ich verehre, meinem Heiland, soll heißen Schwiegervater. Prost!

Theologen und Julianus (*prosten zurück*). Hört! Hört!

Frank. Jener Mann ist das Fundament auf dem ich mein Gebäude der Überzeugungen errichtete. Jener Mann begleitete mich, noch ehe ich seiner Tochter gewahr wurde, durch seine Schriften. Sie machten mich zweifeln, sie machten mich frei. Man sagt, er reiste von Hofe zu Hofe, um jeden Edelmann, dem er begegnete, seine Tumbheit vor Augen zu führen. Wie Papyrus zerriss er die Lügen falscher Philosophen, wie eine Flamme nährte er sich an den beschönigten Darstellungen falscher Historiker.

Wie eine Naturgewalt brach er über die Herren, die sich ihrer Sache sicher waren, herein und gab ihnen den heiligen Zweifel wieder. Er schlug Feuer aus Asche. In seinen Lesungen erschien er wie der fleischgewordene Prometheus. Ein Mann, der sich aus der Masse der Menschen erhob, um sie sich neu zu formen und zu ordnen.

Ja ich sage euch, alle wahrhaft exorbitanten Geschehnisse wurden durch Einzelne in Gang gesetzt. Es waren nicht Wahlen, die die Sklaverei abschafften! Es waren keine Politiker, die eine Kirche des Volkes schufen! Es waren Einzelne, die den Mut hatten, sich zu erheben und wenn es sein musste, ihr Leben zu geben, für eine wahrhaft bessere Welt, so taten sie es.

(Frank schlägt auf das Rednerpult.)

Alle. Amen!

1.Akt 4. Szene

Professor geht auf und ab und wartet auf Illia.

Prof. Wo bleibt sie, dieses Weibsbild, schon wieder zu spät! Nannte ich nicht die Zeit, wo sie sich wieder im väterlichen Haus einzufinden hat.

Illia auf.

Illia. Vater, Vater! *(Ohrfeige vom Prof.)*

Prof. Wo war meine Tochter?

Illia. Ich…*(Ohrfeige vom Prof.)*

Prof. Antworte gefälligst nur, wenn du gefragt wirst. Hatte ich dir nicht gesagt, dass ich pünktlich zu Abend esse. Was deine Mutter, Gott hab sie selig, wohl dazu gesagt hätte?

Illia. Mutter hätte gesagt…*(Ohrfeige vom Prof.)*

Prof. Maße dir nicht ein Urteil an, deiner Mutter, Gott hab sie selig, ein Wort in den

Mund zu legen!

Illia sinkt vor ihm auf die Knie und greift nach seiner Hand.

Illia (weint). Vergebe mir Herr Vater.

Prof. Genug, ich bitte zu Tisch!

Sie setzen sich hin, essen und trinken. Illia muss leeres Glas immer nachschenken.

Illia. Herr Vater, warum sprachen wir nie über das Ehelichen?

Prof. *(schmatzend)*. Hmm ..., weil du nicht heiraten wirst, keine Mitgift wäre mir hoch genug, mir meine teure Tochter zu ersetzen. Außerdem wirst du, wie dein Betragen zeigt, keinem Manne gefallen und genügend Ehrerbietung entgegenbringen können.

Illia. Aber gebe es einen, der mich so liebt wie ich bin?

Prof. So wäre er ein Tölpel!

Illia. Aber wäre es so!

Prof steht auf und entfernt sich vom Tisch.

Prof. Von welchem Manne ist die Rede?

Illia. Von keinem Vater, nur ein Gedankenspiel.

Prof. *(wütend).* Ich sehe die Lüge in deinem Antlitz. Den Namen!

Illia *(leise).* Frank.

Prof: Wie war das?

Illia *(laut).* Frank!

Prof. *(in Rage).* Sagte sie Frank? Vernahm ich tatsächlich den Namen eines Lausburschen, der nichts außer Flausen im Kopfe trägt, der mir die Worte im Munde verdreht und alle um sich herum anstachelt zu ketzerischer Zweiflerei. Unruhestifter! Strauchdieb! Pest!

Da verurteilte ich den Mörder seiner Eltern und so dankt er es mir! Vergeht sich an meiner einzigen Tochter. Ein Schandfleck unserer Universität. Überheblich, realitätsfern und kriminell!

Illia. Wahr ist alles was du sagtest, doch hat er mich sich liebe gemacht.

Prof. Liebe! *(Spuckt.)* Weibergewäsch!

Da spricht sie von Liebe, als ob sie wüsste was das ist. Das was du fühlst, ist eine Schwärmerei und derer hat das Weib viele im Leben, und der Mann, vor allem einer ohne einen Funken Ehre im Leib, wie dieser Frank, nutzt solche schamlos aus. Liebe ist ein wildes Pferd, welches in den Stall der Ehe gesperrt gehört, ohne die Ehe ist es nichts, als ein gefährliches Ärgernis.

Illia. Die Liebe ist wild wie ein Pferd Vater, aber kann es nur gezähmt werden, wenn es sich selbst der pflegenden Hand eines anderen liebenden zuwendet. Liebe, die nicht frei ist, muss hungern, muss leiden, muss sterben!

Prof. *(laut)*. Schweig Still! Du elendes Evabildnis. Deine Worte lassen Blut gerinnen, sie sind Gift für meine Ohren, dein Anblick lässt mich schaudern. Gehe in deine Kammer und wage erst nach dem Morgengrauen wieder unter meine Augen zu treten, ansonsten prügle ich dich grün und blau!

Illia ab.

Vater sinkt auf seinen Sessel nieder.

Prof. Oh Gott, zu früh nahmst du mir mein heilig Weib, nun soll meine Tochter mich noch verlassen, ich bete zu dir, erhöre mein Klagen, und so deine Ohren taub für mich sind, soll der Gehörnte mich erhören und mir und meiner Tochter habhaft werden, ehe ich sie fort lasse.

2. Akt 1. Szene

Frank und Professor in der Bibliothek. Professor auf einer Leiter und sucht nach Büchern. Frank steht daneben und schaut hoch und nimmt Bücher in Empfang.

Frank. Herr Professor, ich habe ein wichtiges Anliegen an Sie! Dies ist das erste Mal, dass ich mich in persona an Sie wende. Darf ich mich vorstellen mein Name ist Frank.

Prof. Frank, ihr Name ist mir durchaus ein Begriff, sowohl in Bedeutung, als auch zu ihrer Person. Nomen est omen. Wenn es um die momentane Lage von der Justiz handelt und die Fehlinterpretation von Justitiar, dass wir objektiv bleiben sollten, ohne Vorurteile zu richten hätten, sag ich dir, Frank, das geht nicht und es mangelt mir an Muse darüber zu disputieren, halte er sich kurz. *(Drückt ihm einen Stapel von drei Büchern in die Arme, schaut dabei auf den Buchdeckel).* Es ekelt mir vor diesem Säkulum *(wirft das Buch mitten in den Bibliotheksraum).*

Frank *(ungläubig).* Herr Professor es geht nicht…*(Prof legt weitere Bücher auf ihm ab.)* ... Herr Professor es geht um Ihre Tochter… *(Legt wieder Bücher auf den Stapel, Frank geht in die Knie.)* Es geht um die Hand Ihrer Tochter.

(Professor lässt das Buch aus seiner Hand fallen und springt von der Leiter und zieht ihn am Kragen hoch. Deutet mit einer Kopfbewegung an, mit ihm in ein anderes Zimmer zu gehen.)

Prof. Horch her Junge! Wage nicht noch einmal von meiner Tochter zu sprechen! Ich kenne Menschen deines Schlages, die alles verändern wollen. Das passt nicht zu ihr, nicht zu unserer Familie. Sie wird heiraten, den ich für sie vorschlage. Doch sei gewiss, auch wenn die Götter die Erde verwüsten und der Bund zwischen euch das einzig Mittel der Besänftigung wäre, so soll lieber die Erde zu

Asche werden, als das eure Lippen einander liebkosen. Sie ist mein Besitz und wird an die Seite eines reichen und erfolgreichen jungen Mannes gestellt werden. Du bist womöglich ein heller Kopf, doch Klugheit ohne Weisheit ist ein zweischneidiges Schwert, auch deine Einstellung wird dich nie zu einem Edelmann machen, der meinen Vorstellungen von einem perfektem Ehemann, das Wasser reichen kann.

Frank (*stutzig)*. Herr Professor ich verstehe nicht, hören sie mich doch an. Meine Liebe zu Illia...

Prof. Pah *(Spuckt vor Frank auf den Boden.)* Liebe, du viehischer Bastard aus einem Waisenhaus, Schuster bleib bei deinen Leisten!

Frank (*lauter werdend an den Rand der Bühne tretend)*. Die Liebe zwischen mir und Ihrer Tochter ist wie ein Sommertag, die Wärme die wir uns geben, lässt unsere Seelen erblühen. Jedes Auseinandergehen lässt die Blüten unserer Liebe verwelken und jedes Wiedersehen ist wie das erblühen von einer bunten Farbenpracht an Blumen, die nach dem Monsun in der trockensten Wüste aus dem Erdboden sprießen. Unsere Liebe lässt das karge Land, das unser Leben darstellt, zu einem Paradies auf Erden werden. Sie können nicht so handeln, Sie würden sie und mich damit seelisch zerbersten lassen. Wie die Wellen an den irischen Küstenabschnitten brechen. Das dürfen Sie nicht, denken Sie an Ihre wunderschöne Tochter.

Prof. *(aufbrausend/in Rage).* Belehre mich nicht, was es heißt Vater einer Tochter zu sein, es geht hier nicht um Liebe, Liebe ist Wunschdenken. Liebe existiert nur in der Gedankenwelt von Weibern und Narren, deshalb ist auch Aphrodite die Göttin der Liebe und nicht Aphrodites, der Gott des Dummschwätzens. Liebe ist Weibergewäsch. – Dein Leben ist mir einerlei, ob du vor die Hunde gehst oder an der Küste zerberstest. Verschwinde aus meinen Augen!

Frank *(vollkommen verwirrt).* Ist das Ihr

ernst? Der Teufel muss in Sie gefahren sein. Der Professor, dem ich lauschte, ja den ich ehrte und lobte mit Wort und Tat, würde solch Wort nimmer in den Mund nehmen. Er ist ein Heiliger, ein Apostel der Wahrheit und Größe, ein Feuer an dem sich die Herzen der Tugendhaften wärmen und die der Mutigen entfachen, er ist mein Heiland.

Prof. Hör mir zu Junge, halte dich von meiner Tochter fern, sonst geschieht etwas, etwas was dir den Atem stocken lässt. Das Licht deiner Einbildung hat einen verzehrten Schatten meiner selbst in deinen Geist geworfen. Mach nicht mich für deine Einfältigkeit und Unvernunft verantwortlich.

Meine Worte und meine Schriften sind mein täglich Brot, ich verstand es mich zu verkaufen, magst mich gern einen Betrüger schimpfen, so musst du doch die Genialität einsehen, die in meiner Kenntnis des Menschen liegt.

Einfältig ist er und leicht zu verführen, so wie

du und jene, die du verführtest.

Frank ab.

Professor geht zurück in die Bibliothek, schubst einen Angestellten weg, der die Bücher am Wegräumen ist und verschwindet mit Büchern auf der anderen Seite.

2. Akt 2. Szene

Frank an die Wand gekettet, Rassmus in Fesseln hängend.

Frank. Oh du widerliche gebärfreudige Mutter Welt, warum nur bevölkerst du dich mit diesen Geschöpfen, wie sollen sie deiner würdig sein, wenn sie nicht einmal einander achten können.

Oh du widerlicher Leib, Sack aus Knochen und Fleisch, heute Nacht wurdest du geprügelt und doch blieb dir des Messers Stich erspart.
Wie lächerlich waren doch ihre Bemühungen mich Reue zu lehren, sie droschen auf mich ein in der Schenke, um mich leiden zu lassen, doch konnten sie nicht sehen, dass alles, was des Leidens fähig mich bereits verlassen.
Diese Welt ist der Kerker meines Leibes, mein Leib ist der Kerker meiner selbst.
Diesem sich ewig selbst suchenden und in Erkenntnissen und Gefühlen ertrinkenden Ding.

Wie kann es einen Gott geben, der diese Welt

geschaffen haben soll?

Vielmehr muss es ein Teufel gewesen sein, denn ist die Welt nicht voll von jenen, die ihm gleichen!

Wo seid ihr, ihr Götter?!

Frank windet sich in seinen Ketten.

So allein sind wir doch auf dieser Welt, wir Intellektuellen, die wir versuchen den Blinden die Schönheit der Sterne zu erklären, wir Denker, umringt von sabbernden Narren.

Diese ganze Welt ist nichts als ein Kadaver, der der Fäulnis anheimfällt und ich hegte doch das Hirngespinst, dass in diesem Gebilde ich zwei Dinge gefunden hätte, die bestehen.

Zwei Felsen, an denen ich mich im reißenden Strom der Idiotie festkrallte, um der Welt nicht zum Opfer zu fallen.

Der Professor und meine geliebte Illia, doch nun, da der Fels "Professor" bröckelte und ich Illia nicht ganz haben kann, nicht mit beiden Händen ihrer zu umschließen vermag, gleiten meine Finger ab an ihr und es bleibt nichts, als das gurgelnde Dunkel des erbarmungslosen

Stromes.

War ich nicht gestern noch Herkules auf dem Rücken des Pegasus, meiner Liebe entgegen reitend, und heute strauchelte mein göttlicher Gaul und warf mich hinein in eine tiefe Schlucht und mein ewig Fallen ist alles Sein, welches nur durch den Tod ein Ende findet, so mag in den ersten Augenblicken des Sturzes noch die Furcht mich schwer atmen lassen, doch erscheint der Tod nach Jahren des Fallens wünschenswerter als die ewige schnöde Gleichheit der Felswände, die mir die Einfältigkeit der Menschen und damit auch meine Einsamkeit widerspiegeln.

Ich glaubte tatsächlich, dass die Worte des Professors die Wahrheit enthielten, dass er das Manifest der Stimme sei, welche mich nicht schlafen lässt, er war mir ein Heilmittel, ein Balsam.
Und nun muss ich erkennen, dass ich nichts war als ein kleiner Junge, ein Junge der ebenso blind einem falschen Propheten folgte, wie all jene die er verlachte.
Er sagte: Kaum geschah es, dass ein Mann, der

wirklich glaubt, den Heiligen Stuhl besteigt oder ein Mann, der wirklich gutes für das Volk will, Politiker wird.

Nun sage ich, dass kaum einer, der den Lehrstuhl nutzt um Wahrheit zu verkünden, auch die Wahrheit spricht.

Rassmus. Wer ist dieser Mann, das du zulässt, dass er dich vernichtet in deinem selbst?

Frank. Was? Wer ist da?

Rassmus. Einer, der deiner Klage lauschte und deinem Herz einen Stoß geben will.

Frank. Mein Herz ist kalt und matt.

Rasmus. Nein das ist es nicht, oh es glüht so hell, dass es fast des Kerkers Finsternis zu vertreiben mag, doch ist dein Herz eine Fackel, die nur eine Richtung deines Geistes zu beleuchten vermag, die dich von einer Sackgasse in die nächste führt.

Willst du sehen was möglich ist und willst du frei sein es zu tun, musst du das Haus deines Lebens in Flammen setzen und es bis auf die

Grundmauern niederbrennen.

Frank. Wovon spricht er?

Rassmus. Dieser Mann scheint dir viel gegeben zu haben, ja er scheint dir ein Gott gewesen zu sein, doch nun da er sich als falsch erweist, willst du alles was dir heilig war, an ihm verdammen, vergiss dies Bursche. Erkenne das, was dir an ihm heilig war, auch in dir ist und in Größe seinem Wesen in nichts nachsteht. Werde selbst der Gott, den du suchst, die Wahrheit liegt nicht in der Ferne, sondern in dir Selbst.
Lass dich nicht zerfressen von der Enttäuschung, die du erlebtest, auch auf schlechtem Acker kann Gutes gedeihen.
Sei selbst das Signalfeuer im Dunkeln. Brenne hell und heiß, wie du noch nie gebrannt hast.

Frank. Und was bleibt mir dann Fremder? Was ist übrig, wenn die Fackel das Gebäude ansteckt, welches ich als mein Leben errichtete? Werde ich nicht jämmerlich ersticken im giftig süßen Qualm meiner Pflichten und Zweifel? Werde ich nicht alles verbrennen und am Ende noch ärmer sein als zuvor?

Rassmus. Du wirst weit blicken, wenn dein Leben bis auf seine Grundmauern zu Asche wird, in dem Feuersturm, den du entfesselst, wird selbst der Qualm verzehrt. Du musst alles verbrennen und nur ein Ding, welches dir wichtig ist, kannst du mit hinüber nehmen in dein neues Leben. Nur dieses eine, welchem du all dein Sein zu Füßen legst und eben diesem, kannst du einen Tempel errichten, der so prächtig wird, wie du es selbst willst.
Das ist die Freiheit, alles abzuwerfen, was noch übrig aus der Zeit, als du nicht selbst entschiedest, als du noch voller Zweifel warst, du nimmst dir in diesem Ding die Freiheit dein reines Selbst zu sein.

Frank. Und so kann ich sie mit mir nehmen, meine Illia? Ja ich muss! Welch wundervolle Welt dies wäre, in der wir der ganze Kosmos sind!
Hinfort Studium, wahres Wissen muss selbst entdeckt werden, hinfort elender Professor, der sich selbst einmauert und erstickt in Lügen.

Oh herrliche Freiheit, ich kann deinen Duft sogar hier vernehmen, zwischen all dem Unrat. Ich werde in den Spiegel blicken und nicht sehen, was ich gerne wäre, nein ich werde in mein Spiegelbild schauen und werde mich sehen, kein Kind einer Mutter, kein Schüler eines Meisters, ich werde ein junger Gott sein, geboren aus der Esse, die angefeuert mit all den Altlasten meines Seins, ich will mich selbst gebären, schmieden und formen.
Ich will der wahre Mensch sein!

Rassmus. Ja, das willst und wirst du Junge, und nun klopf dreimal und zahle die Kaution. Gehe hinaus aus diesem Kerker und bereite alles vor. Die Welt ist dein, so du den Mut hast sie dir zu nehmen. Die Zeit des gemächlichen Schrittes ist vorüber, renne und schreie hinaus in die Nacht, dass du Tod und neu geboren!

Frank. So will ich tun, so will ich! Danke dir Fremder, der du mir Stimme der Vernunft warst. Ich werde deiner nimmermehr vergessen.

Frank klopft und wird herausgeholt.

2. Akt 3. Szene

Frank und Illia treffen sich in der Seitengasse. Illia schon da, wartet auf Frank.

Illia. Wo bleibt mein Liebster? Wie mag es ihm ergangen, als er mit meinem Vater sprach. Hoffentlich ist ihm nichts Schlimmes widerfahren, nicht dass Hades ihn zu sich holte. Oh wie wird mir bei diesem Gedanken, hinfort mir ihm, weiche aus meinem Geiste.

Frank auf.

Frank *(rufend).* Illia, Illia wo bist du?

Illia *(hervortretend aus der Gasse).* Hier bin ich Liebster, was ist mit dir, du siehst geschunden aus, hat man dir was zu Leide getan? Beim Allmächtigen, deine Gelenke, deine Handgelenke, es schaut aus als sei's du gefoltert, gefangen und weggesperrt. Was ist geschehen, sprich geschwind. *(Umsorgt ihn weiter, auch noch als er anfängt sich zu erklären.)*

Frank. Illia, nach unserem Gespräch hatte ich noch mit neuen Freunden und Julianus gezecht. Den Tag schon bald darauf sprach ich mit deinem Herrn Vater. Wahrlich Illia du hattest recht was ihn angeht, warum hörte ich nicht auf eure Worte, warum hattet ihr mich nicht zurück gehalten. Er sprach nicht wie der Mann, den ich mir in meinen Gedanken meißelte, eher wie der sengende Hass eines Feuers, dass Nero legte…

Illia. Frank, die Liebe zwischen uns kann nichts brechen, kein Vater, nicht mal der Allmächtige vermag unsere Bande zerschneiden, doch halte dich zurück und sage mir, was geschah des Weiteren. Tat er dir was zu Leide? War er es, der dich so zurichten ließ?

Frank. Nein Illia, es war nicht eures Vater Schuld! Es war die meinige.

Illia *(erschrocken einatmend).* Wie geschah es, berichtet es mir. *(Fährt ihm durch sein Haar.)*

Frank. Nach der Unterredung mit eurem Vater war ich gleichwohl voller Zorn und Hass, mir ist nicht mehr klar, wegen wem ich so tat, was ich tat, doch gewiss, war es einer dieser Missetäter, die mich zur Völlerei und dem Kruge greifen ließen. Beflügelt von den Gehörnten Helfern, ließ ich meinem Missfallen an der Menschheit freien Lauf, doch zog somit die Ungunst anderer auf mich, die mich alsbald Narr schimpften und einen Lügner erster Güte.

Illia, dies alles hätt' so nicht sein sollen, doch den Schrecken, den du aus meinem Maul vernimmst, entspricht der Wahrheit.

Illia *(vollkommen entsetzt)*. Frank, du einfältiger Narr.

Frank *(beschämt)*. Du hast wohl recht!

Illia. Aber mitnichten, ich bin doch deine immer wiederkehrende Vernunft! Doch berichte du weiter.

Frank. Von dem Schleier Aeris umhüllt,

vernahm ich nichts als Neid…Ich entsinne nicht einmal meiner Worte, die ich sprach, doch zeigten sie meinen Spöttern, was ich von ihnen hielt. Den nächsten Gedanken, den ich klar vor meinem Auge wiedergeben kann, ist in Ketten gelegt, den Kopf hebend und das Bildnis Eos vor mir aufgehen.

Diener erscheint am Rand der Bühne und lauscht dem Gespräch.

Illia. Frank ich muss fort, nicht dass uns der Diener meines Vaters sieht und dies unser letztes Treffen gewesen sein soll. *(Umarmt ihn und gibt ihm einen Kuss auf die Stirn.)*

Illia geht an ihm vorbei. Auf gleicher Höhe packt Frank sie und hält sie am Arm fest.

Frank. Illia, nimm reißaus mit mir. Wir…Ich breche mein Studium ab und führe es woanders fort, ich werde meine Dienste Anwälten und Richtern darbieten und so unser Leben speisen. Komm mit mir, lass uns nach dem Himmelszelt, nach den Sternen greifen, das Glück mit beiden Händen fest umhüllen, sodass wir mit ihm verschmelzen. Nimm meine Hand…*(streckt ihr die Hand hin und schaut Illia erwartungsvoll an)*.

Diener eilt von der Bühne.

Illia. Mein liebster Frank, so sehr ich gemeinsames Glück begehre, vor allem mit euch, kann ich es nicht meinem Herrn Vater zumuten, außer mir hat er gar niemanden mehr. Er mag kein perfekter Mensch sein und weiß Gott ist er auch nicht tugendhaft, aber ist dieser immer noch mein Vater, mein Einziger. Versteht ihr mich? *(Tränen in den Augen.)*

Frank zieht seine Hand zurück, sein Blick ist voller Bitterkeit. (Stille.) Frank schaut Illia verbittert lange in die Augen. Wendet sich von ihr ab.

Frank. Illia, ich will, dass ihr wisst, der Platz in meinem Herzen ist euch gewidmet.

Frank ab. Illia bricht in Tränen aus, sinkt auf die Knie. Licht aus.

2. Akt 4. Szene

Prof. in seinem Arbeitszimmer. Hört Musik und dirigiert das imaginäre Orchester.

Es klopft mehrfach. Professor ruft herein.

Prof. Herein!

Knecht tritt ein und der Prof. dirigiert weiter.

Knecht. Darf ich euch stören?

Prof. Das habt ihr bereits! Also fahret fort.

Knecht. Mein Herr ich habe etwas Wichtiges mitzuteilen! Zur Mittagsstunde sah ich eure Tochter mit dem Manne, dem ihr keine Güte schenken könnt…

Prof. Haltet Inne! *(Impulsiv am Dirigieren.)* Fahre er fort!

Knecht. …nun wo war ich, genau, zur Mittagsstunde, sah ich eure Tochter mit Frank in einer Gasse eine Unterredung führen…

Prof. Haltet Inne! *(Impulsiv am Dirigieren)*

Fahre er fort!

Knecht. …nun wo war, genau, zur Mittagsstunde, ihre Tochter, Frank und Gasse redend. Sie bekamen mich nicht zu Gesicht und so konnte ich belauschen wie Fr…

Prof. Haltet Inne! *(Impulsiv am Dirigieren.)* Fahre er fort!

Professor geht zum Plattenspieler und stellt die Musik aus, just im diesem Moment beginnt der Knecht zu schreien.

Knecht. Kruzifix nochmal, Herr hört mich an, der Lausbub will euch eurer Tochter berauben.

Knecht und Professor starren sich ungläubig an.

Knecht *(fortfahrend).* Verzeihung mein Herr, es lag nicht in meiner Absicht, meine Stimme gegen euch schwellen zu lassen. *(Verbeugt sich tief.)*

Prof. Schweig Knecht!

Knecht. Jawohl Herr!

Prof. *(auf und abgehend).* Warum erzähltet ihr es nicht gleich?

Knecht. Das war mein Anliegen, aber…

Prof. Dies mal sei euch noch verziehen! So er mir jetzt berichtet, geschwind!

Knecht. Nun mein Herr es begab sich zur Mittagsstunde, so ich auf euren Geheiß, ihre Tochter holen sollte, sah ich es. Der tut nicht gut, sprach zu ihrer Tochter mit böser Zunge, er will sie doch tatsächlich mit sich und nimmer zurück lassen. Als ich diese Kunde vernahm, nahm ich reißaus und eilte zu euch, mein Herr. Ich dachte dies wäre von äußerster Dringlichkeit.

Prof. Natternbrut! So will ER mit MIR ein doppeltes Spiel spielen? Soll er erfahren, was es heißt, einem Mann die Pistole auf die Brust zu setzen, bei dem Versuch ihm seines letzten Schatzes zu berauben. Knecht! Hole mir diesen… Julianus, seinen Freund.

Knecht. Ich eile mein Herr! *(Knecht rennt von*

der Bühne.)

Prof. Soso, ich war mir sogleich seiner hinterhältigen Art bewusst und als ich ihm ausschlug seine Bitte, schmiedete er also neue Ränke gegen mich, meine Familie!

Wenn Worte ihre Wirkung nicht tun, müssen Taten ihnen zur Wirkung gereichen. Es ist meine heilige väterliche Pflicht meine Tochter vor einem grauenvollen Schicksal zu bewahren, ebenso wie mein Gesicht. Oh welch grausame Schande es wäre, wenn sich herum spräche, dass ich, der berühmte Professor, nicht in der Lage sein eigen Fleisch und Blut zu zügeln. Weiß meine Tochter nicht meine Güte zu schätzen, dass ich sie nicht fortschickte, in eines dieser Klöster, die ihr gelehrt hätten, dem Gotte nach dem Munde zu reden. Ich schenkte ihr Freiheit und was tat sie, sie missbrauchte sie. Ich schenkte ihr Vertrauen und was tat sie, sie hinterging mich. Einen Vater wie mich, voller Güte und Verständnis, hat sie nicht verdient.

Macht sich Musik an.

Prof. Was mein Kind verdient, soll dem Schwerenöter widerfahren. Ihre Mitgift ist sein Tod.

Es klopft.

Prof. Herein!

Julianus tritt herein.

Julianus. Ihr schicktet nach mir, ehrenwerter Professor?

Prof. Wohl wahr, wohl wahr, setzt euch. *(Prof. schenkt ein und schaltet die Musik aus.)* Mein lieber guter Julianus, wie steht es um ihr Studium?

Julianus. Der Tag ist zu kurz, um all jenes zu lernen was ich müsste, um mit mir zufrieden zu werden.

Prof. Löblich, löblich! Wie gedenkt ihr euren Lebensweg nach dem Studium fortzuführen?

Julianus. Nun das wird ganz davon abhängen,

mit welcher Leichtigkeit ich meine Examina bewältige und wie meine Empfehlungen ausfallen.

Prof. Im Falle des letzteren wäre es mir eine ungemeine Freude, höchst persönlich ein Schreiben zu verfassen, welches euch Tür und Tor in die ansehnlichsten Häuser Europas öffnet.

Julianus. Das würdet ihr für mich tun, oh wenn ich dies Frank erzähle…

Prof. Frank, amüsant, dass ihr auf ihn kommt. Er ist das Einzige was zwischen euch und diesem Schreiben steht. So zu sagen eine Chance für euch, eure Treue der Fakultät gegenüber zu beweisen.

Julianus. Eh, wie meint ihr Herr Professor?

Prof. Zudem kann ich mir gut vorstellen, einem Mann, der solch brüderliche Treue gegenüber der Fakultät beweist und dem alle Wege offen stehen, mehr anzubieten als nur ein Wischpergament, eben das wertvollste, was in dieser Welt mein Eigen ist, die Hand meiner Tochter Illia. Sobald er mir Treue erweist.

Julianus *(verdutzt).* Gestern noch war ich mir sicher, dass mein Name euch kein Begriff sei. – Mein Gesicht nur eines von vielen und heute bietet ihr mir mehr, als ich mir in meinen kühnsten Träumen je zu erhoffen wagte. Es ist als stiege der König hinab in die Gossen seines Reiches, um den Ärmsten, den seine Augen ausmachen, die Krone auf das Haupt zu setzen und ihn Bruder heißen. Welchen Dienst er auch immer fordert, er muss wahrlich groß sein, so soll mein Wille ihn zu erfüllen, seiner Größe in Nichts nachstehen.

Prof. Tötet Frank!

Julianus. Welch üble Späße treibt ihr mit mir, Professor! Ihr müsst doch wissen, denn ihr habt es selbst geschrieben, nichts kann dem Manne heiliger sein, als ein wahrer Freund.

Prof. Ihr müsst mich nicht erinnern, mir ist wohlbekannt was ich publizierte in meinen

Schriften. Entscheidet nicht vor der Zeit, lasst Gedanken gären, am morgigen Tage erwarte ich euren Entscheid.

Prof ab.

2. Akt 5. Szene

Julianus in seinem Arbeitszimmer auf und ab schreitend.

Julianus. Wie? Wie? Wie kann er nur solch ein Angebot an mich richten.

Es ist fast so als sei ich Abraham und er Jahwe. Welch grausame Bitte.

Nicht einen Moment darf ich daran denken und doch schleichen sich wieder und wieder Bilder in meinen Schädel, Visionen der Zukunft an den Gerichtshöfen meiner Wahl, an meiner Seite die schöne Illia, ein treues Weib, das meiner zu würdigen weiß. Habe ich nicht verdient, dass dieses Nebelgebilde sich niederschlägt in der wahrhaftigen Zukunft.

Oh wie ich Tag für Tag die Bücher studierte, schrieb, dass sich die Knochen meiner Hände einander abrieben und sie zur krampfenden Kralle wurden. Ich war nie der meist Gelobte oder ein Meister meines Fachs, doch war ich immer der fleißigste und wäre es nicht göttliches Recht, wenn eben das belohnt wird durch einen solchen Segen wie der, den mir der Professor mir anzugedeihen gedachte? Ja, ja das wäre es, doch ist dort noch dieser Stolperstein.

Töten meinen einzigen Freund? Der mir immer Gutes wollte.

Nun es wäre nicht das erste Mal, dass ich zurück bleibe, doch wäre mir Fortunas Küsse gewiss. Aber kann des Glückes klare Natur, die raue Stimme des Gewissens zum Schweigen bringen? Andererseits, kann ein Gewissen so rein wie der erste Schnee, auf Wiese und Flur, den ewigen Zweifel dumpf machen oder wird er so durchdringend wirken, wie der Schuss des Jägers auf den letzten Bock in der Dämmerung einer Winternacht? Dämmerung ist es fürwahr, doch kann ich nicht sagen, ob sie die Schwelle zur Nacht oder zum Tage sein wird.

Ich muss mir meines Geistes gewahr werden

und über ihn richten, sodass ich die Wahrheit in ihm finde und rechtens handle. Mannigfaltig sind die Entscheidungen für die wir stehen, doch nur die Wenigsten sind in ihrer Wirkung so essenziell und unwiderruflich wie diese.

Julianus atmet tief durch.

Die Vernunft gebietet mir nur ein Edikt.

Ich habe kein Recht über sein Leben zu urteilen. Ich habe kein Recht der Welt ihren Frank zu nehmen, der sie zu einem reicheren Ort macht. Ich will und muss die Bitte des Professors verneinen. Wie könnte ein Mensch, der klar im Geiste ist, auch nur einen Moment wollen was er verlangt. Ist doch der höchste Zweck unseres Seins nicht unser selbst, sondern das Wesen des Menschen in all seiner ethischen Pracht, die uns erst zu Menschen macht.

3. Akt 1. Szene

Frank am Kerkerfenster, Rassmus steht hinter ihm, in Ketten, in der Mitte der Bühne.

Frank. Fremder, Fremder, hörst du mich, erkennst du den Klang meiner Stimme wieder?

Rassmus. So klar und deutlich wie die Meine. Doch was führt dich zurück an solch bitteren Ort, wo du mich doch verließest, bereit alle Mauern einzureißen, die dich von deinem Schicksal trennen.

Frank. Ich schlug mein Werkzeug schartig an den Mauern und kehre zurück. War bereit alles niederzubrennen, was sich entzünden ließe, doch dies eine Ding, was ich sicher fassen wollte, meine geliebte Illia, war es, die die Flamme im Keim erstickte und mich von sich stieß und im Klang wie Weiber zu sülzen pflegen: „Frank, ich kann dir die Liebe nicht mit Liebe vergelten, habe nicht den Mut, den du aufbringst." So als sei ich nichts anderes, als eine ihrer Spielereien, gleich dem Sticken oder Nähen.

Rassmus *(lacht).* Frank ist dein Name? Deine Geliebte die Tochter des Professors, der hiesigen Fakultät?

Frank. Ja, dem ist so. Sie kenne ich seit meiner Jahre im Waisenhaus und sie war es auch, die mich mutig machte die Fakultät zu besuchen, obwohl meine Eltern gemordet und ich ohne Erbe da stand.

Rassmus lacht.

Verlache mich nicht, mein Schicksal spottet meiner genug.

Rassmus. Frank horche meiner Worte, nun da du alles verloren hast, hast du die Freiheit alles zu tun. Ein jeder Mensch ist gebunden an den Weltengang. Sei es durch Liebe, sei es durch Zwang. Manch einer, der sich zu lösen versuchte, der von allen enttäuscht und verraten, dem bleibt nur eines! In einer Welt voller Trugschlüssen wie der unseren, kann er nimmer der sein, der er zu sein bestimmt. So wie die Götter die Welt, wenn sie dem Verderbnis anheimfiel, mit Plagen und Sintflut straften, so ist es auch die Bestimmung, eben dieser und nur dieser, der Welt ihrer Schlechtigkeit wieder zu spiegeln und sie neu zu erbauen. Sie sind das Bollwerk, des ewig gebärenden und verzehrenden, welches das Menschengeschlecht neu formt. So wie aus dem Tod das Leben entspringt, wird aus Wahnsinn Vernunft und aus Lügen Wahrheit sprießen. Wenn diese Welt dich verdammt, so verdamme sie dreifach. Löschen jene, die du deine Freunde nanntest, deine Fackel, so musst du einen Scheiterhaufen errichten. Nimm es selbst in die Hand, denn ein Mensch ist nur das, was er aus dem macht, wozu er gemacht wurde. Hunderte und aberhunderte, Generationen über Generationen, werden deinen Namen verdammen, doch wirst du einer der Wenigen sein, die die Welt zu dem machten, was sie sein wird. Brenne deinen Namen ein in das Fleisch dieser Welt, dass er nimmer vergessen werde.

Frank. Hier muss ich wählen, sei ein Nichts oder sei ein Teufel? Teufel sage ich, denn in seiner Gestalt will ich fortan wandeln. Hier stirbt Frank, genug des ewigen Mittelmaßes, genug der Kompromisse, ich will Flamme sein und Asche werden. Hölle, Hölle, deine sieben Siegel will ich brechen.

Und dich Fremder will ich zu meiner Rechten erheben. Der Aeneas sein, der deiner aus den Flammen rettet! - Erwarte deinen Herren zum nächsten Mondlauf!

Frank ab.

Rassmus. Oh, wie leicht es doch scheint andere zu formen, wenn sie einem selbst so gleichen.

3.Akt 2. Szene

Frank stürzt in das Zimmer. Julianus reagiert erschrocken und versucht Frank zu beruhigen.

Julianus. Frank? Um Himmels willen was ist mit dir geschehen. Bist du etwa toll und warum bist du nass vom Schweiß?

Frank hetzt in dem Zimmer auf und ab.

Frank, oh so bleib doch stehen! Frank, Frank... *(Schreiend, packt jenen an den Schultern.)*

Frank...*(erschrickt).* Dein Anblick, wie zu Eis, so schaurig kalt die Augen, blickst durch die meinen in meine Seele, so fühl ich es. Es sticht in mein Inneres. Was ist mit dir geschehen? Wer trieb dir diesen Wahn in die Augen. Sie scheinen zu brennen, wie die Flammen des Fegefeuers, als seien sie die Fenster zur Unterwelt, in die Finsternis.

Frank *(dreht sich weg, den Blick ins Publikum gerichtet).* Lasse er von mir, so er ein guter Freund ist, der es nicht nur wagt in meiner Anwesenheit zu weilen, sondern auch noch vom Nektar meiner Worte kostet.

Julianus, so du mich als deinen Freund schreist, wie ein Fischhändler am Markte, bitte ich dir die Gunst mir zu helfen.

Julianus *(perplex).* Frank dir helfen, klar, bei einem Fall oder, oder.... Was anderes vermag ich gar nicht zu wissen. Aber Frank beruhige dich doch, wieso bist du apart, wie das Hirn eines Greises, das seine besten Jahre verlor, an der fressenden Zeit der Amnesie. Welche Neurosen treiben dich in den Wahn des gehörnten Bocksfuß? Frank sprich, so will ich dir helfen!

Frank. Ich, ich, ich... verfallen dem Wahn, dem Wahn an den Herren der Fliegen, den Herren der Fliegen! *(Wütend auf Julianus zugehend.)* Sieht er an mir die Fliegen des Stinkerers, jenes Abbadonas? So werde ich dir gleich... *(die Hand hebend, Julianus schreiend weichend).* ... Oh nein, wie war mir just in diesem Moment, waren meine Augen mit Feuer erfüllt und mein Arm voll von heißer Wut, wer führte soeben meine Bewegung. Julianus du musst mir helfen, stehe mir zur Seite. Versprich es!

Julianus. So wahr Gott mir helfe, ich

verspreche dir auf deinem Weg zur Seite zu stehen... Doch was ist dein Weg? Was ist es? Soll ich just einen Medikus rufen? Mir scheint deine Verfassung schlechter und du sprichst, als lägen dir die Seiten eines verdrehten Buches auf der Zunge...

Frank. Freund, erinnerst du noch, den Eid nach dem bestandenen Examen, auf was ein Jurist schwöre, wenn er Jurist ist? Entsinnst du ihn.

Julianus. Ja ich erinnere mich, wieso?

Frank. Vergiss ihn! Wenn du mir zur Seite stehen willst, so musst du diesen Humbug vergessen und verbannen aus deines geistigen Bewusstseins. Julianus, ich beginne die Mauern um mich niederzureißen, die ich nicht mauerte, sondern jene, die mich enttäuscht und verließen. Ich werde sie einreißen, aber nicht nur die Meinigen, sondern auch derer, die vollkommen den Blick in Richtung Realität verloren haben. Mit meinen habe ich schon begonnen und deine folgen, alsbald du mir geholfen hast, meine Rechte zu befreien. *(Hält Julianus die Hand hin.)*

Julianus *(stutzig).* Von was genau sprichst du da und was bedeutet deine Rechte?

Frank. Erinnerst du noch, die Nacht, wie ich in dem Verließ nüchtern und ernüchternd feststellte wo ich war? Sicher tust du das *(verschmitzt lächelnd).* In diesem kalt nassen Kerker erklärte mir ein Insasse mein Gefängnis und ich fühlte mich in der Zelle so frei, als könne nichts meine Freiheit dämmen, außer die von außen hochgezogenen Mauern, jener die fernab der Realität agieren.

Julianus. Dieser Sträfling? Du verlangst von mir, dass ich die Verantwortung mittrage, einen Sträfling zu befreien? Frank du fieberst!

Frank. Wer spricht hier von Verantwortung, werde nicht existenziell, mein guter Freund. Es ist nicht nötig eine Verantwortung zu finden, denn jener sitzt zu Unrecht. Er ist die Verkörperung der freien Gedanken. Seinem Geiste entsprangen jene Gedanken, die mich seit jener Nacht gefangen halten und doch tanzen lassen.

Julianus. Bist du noch bei Sinnen, ist dein Verstand, vor der sengenden Hitze des

Höllenfürsten, geflohen? Frank ich versichere dir, du kannst es nicht machen, du bist doch nicht ein Fakultätsverräter? Dieses Handeln kann und werde ich nicht billigen, doch als Freund werde ich dich deines Vorhabens nicht hinderlich agieren.

Frank. Du hilfst mir nicht, ah das war voraussehbar, du kleines Nichts. Ohne mich wärst du unscheinbarer als eine Made, die inmitten einer klaren Suppe schwimmt! Ich sage dir nun eines, Julianus. Meine Freundschaft war begleitet von Mitleid, ich empfinde nichts als Mitleid mit dir. Du bist es nicht wert, mit mir den Olymp zu erklimmen und im Licht des Apollons aus der Asche wieder aufzufahren. Du kommst aus dem Nichts, du bist nichts und du wirst wieder ohne Sang und Klang im ewigen Nichts verschwinden!

(Spuckt beim Verlassen der Bühne vor die Schuhe von Julianus.)

Frank ab.

Julianus steht fassungslos und verloren im Zimmer.

Julianus. Das kann ich nicht zulassen, ich muss handeln, meinem Freund ist der Wahn in den Sinn gekommen und das kann nur ich wieder beheben. Doch wie mache ich dieses, wenn ich ihn nicht verlieren will. Will ich doch dafür sorgen, dass Frank wieder normal wird. Wie konnte es nur passieren, dass dieses kriminelle Gezücht ihn so verdirbt. Ich glaube an Frank, denn das ist das Einzige was hilft, was ihn von den Zwängen des Anderen befreit. Wie sonst sind diese Äußerungen über die unsrige Freundschaft zu verstehen, wenn so, dass ein Anderer in ihm die Oberhand übernommen? Denn da ist mehr als Mitleid... es muss mehr sein. Es muss mehr sein!

Fremd ist er mir geworden, der Freund, ja es ist als sei Frank von uns gegangen und ein Anderer wäre in seinen Leib gefahren.

Und wenn er nun fortgeht, was bleibt mir?

Nichts... das ewige Nichts von dem er sprach. Wehe mir.

Wenn Frank nun nicht mehr der ist, den ich kenne und liebe und dieses Ding, was ich an seiner statt sah, sein Andenken verdorben wird, ja da wäre es doch ein wahrer Akt, ein letzter Akt der Freundschaft, an dem wahren Frank, diesen Unhold, den er selbst verabscheut hätte, der aus ihm geworden ist, zur Hölle zu schicken. Und an seiner statt, nehme ich Illia zu meiner Frau, ohne dem seltsamen Willen des Professors stattzugeben und den Frank, den ER erschlagen sehen wollte, zu morden. So kommt der dahingegangene Frank zu seinem Recht, der Professor ist zufrieden, ich kann meine Arme um die lang ersehnte Illia legen ohne ein Freundschaftsübel zu tun, da Frank nicht mehr ist und am Ende, da bin ich allen gerecht geworden. Oh Welt wie wirr du bist, manchmal bleibt eben nur das Schwert, um die wirren Schlingen des Lebens zu ordnen!

3. Akt 3. Szene

Der Professor sitzt in seinem Arbeitszimmer, die Musik spielt und er ist wild am Gestikulieren.

Es klopft.

Prof. Herein!

Julianus kommt in das Arbeitszimmer gestürzt.

Prof. Ach, wie ich es doch wusste, Sie wieder hier stehen zu sehen, hier in meinem Zimmer. Das Ihr ungebildetes Gesocks immer zu der Hand kommt, die Euch nähret. Aber ist es nicht wider jener Kultur, einem Idole in den Rücken – ach was soll's, Sie sind hier und tust du wie dir geheißen, so will ich dich nähren, sogar mästen, wenn es Euch beliebt.

Julianus *(keuchend)*. Herr Professor, Sie sprachen von einem, für mich sehr lukrativen Angebot, doch will mein Erscheinen nicht heißen, ich werde mein Götzen zerschmettern.

Nein, mein Frank, wie er mir gegenüber, war nicht mehr der, den ich bewundert. Jener Fremde, der in Gestalt Franks, des gestrigen Abend in meines Zimmers Mitte stand, wohl vom Wortklang des gehörnten Bocksfuss, nicht zu erkennen ward. Predigte wie ein toll gewordener, der es doch nicht sein sollte. Ich konnte meinem Aug nicht trauen, nein ich wollte nicht, denn ich wusste es bereits. Jene Silben stanken nach des Beelzebub Anwesenheit, doch konnte ich ihn nicht fassen.

Was ist aus meinem Frank nur geworden, wie konnte es nur unentdeckt vor mir bleiben? Welch Grausamkeit ritt ihn zurecht, dass mein Frank, zu dem geformt was er nun zu scheinen mag. Es sprach über ihn zu mir, das wird es sein. Ja so muss es sein, doch glaube ich, ist mein Frank verloren in den Fängen des Stänkerers.

So muss ich ihn töten, damit der Welt seine wahre, weiße Erscheinung in Erinnerung bleibt.

Prof. *(lacht, geht rüber und legt den Arm um Julianus).* Julianus, du einer meiner liebsten Studiosi, lass dich Ansehen und…ja da! Ein wohlhabendes Anwesen, alles was die liebsten Kleinen benötigen. Platz! Im Hause wie im Garten. Eine schöne Frau. Da, es ist die Illia, meine Tochter, mein Ein und Alles, wird dir gehören und deine Mitgift, Julianus, wird es sein, aus dem armen Frank den Gehörnten zu stoßen, mit diesem, mit Stigmata verziertem Messer. Doch tue dies nur in wahrhaftiger Anwesenheit des Unaussprechlichen, du wirst es über das Messer fühlen, siehe dem Unhold tief in die Augen und stoße, wie ein Aries, in sein Zentrum, dem Herz, damit er von ihm Ablass tut.

Julianus vollkommen in Euphorie verfallen, schreitet nach vorne.

Julianus. Ja so soll es sein, so soll ich meinen Frank wieder um mich haben und ihn keine Sekunde länger missen und in Fängen wissen. So werd ich ihn befreien, ich der kleine

Unscheinbare, hoch gehoben zum Olymp, den Göttern nahe, gelobt zu werden für meine Tat, ich werde alsbald über dem Stehen, mit Frank, meinem Idol, Götzen, mit meinem Traum von dem meinigen. Ich!

Prof *(zu ihm gehend).* Jaa, so soll es enden, mein Junge töte Frank und all das wird sich bewahrheiten. Du wirst all dies sein, was du dir immer erträumtest. Doch bedenke *(flüstert),* stoße es mitten in sein Herz, in sein Herz, sag es mit mir, in sein Herz, in sein Herz.

Beide *(immer wieder leise)* In sein Herz.

3. Akt 4. Szene

Am Kerkerfenster steht Frank und macht Lärm. Zwei Wachen stürmen heraus.

Wache 1 *(schreiend)*. Hey! Wer da? Gebt euch zu erkennen, Lumpenpack!

Frank *(weinend zusammensinkend)*. Zu Hilfe, zu Hilfe! Grad wollt ich wohl zu euch, da überraschte mich ein Finsterling und trieb mir sein Messer bis zum Heft in den Leib.

Wache 2. Wehe ich eile hinein und hole Mullbinden, um das Schlimmste zu verhindern. Bleibe du bei ihm Kamerad!

Wache 2 ab.

Wache 1 begibt sich zu Frank und hält ihn.

Wache 1. Junge bleib bei mir! Lass dir die Kälte nicht in die Glieder fahren! Weißte! Mein Jung, circa deines Alters, bekam auch schon mal ein Messer in die Rippen. Wochenlang bangten wir an seinem Bette und der Pfaffe sagte: „Gott wird die Seinen erkennen!" Und wahrlich, das tat er. Im nächsten Sommer beginnt er sein Studium.

Manchmal, ja sogar oft, ist die Welt ein schöner und gerechter Ort.

Frank nuschelt etwas Unverständliches. Wache beugt sich nah an seine Lippen.

Frank beißt der Wache mit Kraft ins Ohr.

Wache springt schreiend auf und rennt Richtung Häuschen, um Alarm zu schlagen. Frank stürzt hinterher und reißt sie zu Boden. Beginnt auf dessen Schädel einzuschlagen.

Frank *(schreiend).* Gott wird die Seinen erkennen? Gott wird die Seinen erkennen? Gott wird die Seinen erkennen!

Frank erhebt sich. Er präsentiert sich blutverschmiert und hebt die Waffe empor.

Wache 2 aus dem Off. Ist bei euch alles in Ordnung?

Frank. Nur eine paar Tölen, die im Müll wühlen!

Wache 2 kommt aus dem Häuschen, in den Händen Verbandszeug. Lässt vor Schreck alles fallen und zieht seine Waffe!

Wache 2. Potzblitz!

Frank beginnt zu pfeifen. (Hall of the Mountainking.)

Kampf!

Wache 2 kniet vor Frank und dieser hält das Schwert in dessen Mund.

Frank. Krieche zu deinem Kamerad und friss seine Leber.

Frank führt ihn zu der Leiche von Wache 1.

Wache 2 *(Wimmernd).* Tötet mich nicht! Ich habe Weib und Kind, davon gleich drei!

Frank. Wenn dir, du Wurm, deine Familie so lieb und dein Leben dir so viel Wert erscheint, dann friss des schwachen Leber im Ganzen.

Wache 2 bedient sich an den Gedärmen von Wache 1 und sucht die Leber.

Frank. Oh Angst, du Triebfeder des Menschengeschlechts! Dein sind wir! Warum beten wir? Aus Angst! Warum verlassen wir kaum noch unser Heim? Aus Angst! Warum wollen wir, dass man sich an uns erinnert? Aus Angst! - *(Frank bleibt längere Zeit stehen.)*

Du! Mein Freund. Komme an meine Seite und lausche den Worten deiner Freiheit.

Wache 2 stellt sich neben Frank. Dieser stellt sich hinter ihn und flüstert ihm ins Ohr.

Frank *(flüsternd, keuchend).* Du bist frei! Frei! *(Lacht und rammt ihn just das Schwert in den Rücken.)*

Frank durchsucht die Wachen nach dem Schüssel.

Vorhang fällt runter! (Rassmus wird sichtbar.)

Frank eilt zu ihm und rüttelt an seinen Ketten.

Frank. Freund, Freiheit. Süße Freiheit. Deine Wachen liegen erschlagen draußen auf den Straßen. Nun ist es an mir deine Fesseln zu zerreißen und der Welt, das darzulegen, was sie verdient. Dich und mich. Uns beide.

Frank zerreißt die Ketten.

Rassmus. Endlich, endlich nach all diesen kalten Nächten kann ich diesen Schritt wagen *(macht einen Schritt nach vorne).* Einen Schritt, der einer Erlösung gleicht. Mein Wohlbefinden steigt mit jedem weiteren Fuße, den ich vor mich setze. Wie eine Zunge, die an einem schmerzhaften Zahn spielt, zog ich meine Kreise in diesem Verließ und immer, ja immer hier, hier endeten meine Schritte, meine Gedanken, meine Hoffnung, jemals weiter vorzustoßen. *(Rassmus packt Frank bei den Schultern und schüttelt ihn.)* Mein Retter! Wonach gelüstet es dich, wohin führst du mich?

Frank. Direkt ins Nest der Otternbrut, wo sie sich schlängeln im Dunst ihrer Fäulnis!

Rassmus. Gift und Galle will ich auf sie spucken.

Frank. Ihre Leiber teeren...

Rassmus. …und häuten Ihnen den Rumpf...

Frank. …aufspießen und sie am Gedärm tanzen lassen, so wie der Puppenspieler.

Beide.

Feuer und Tod wollen wir bringen, über jene, die uns täuschten und verrieten. Hass und Gewalt über alle, die uns verließen.

3. Akt 5. Szene

Seitengasse. Julianus steht nervös und aufgeregt an der Wand, schaut sich immer nach Frank um und wartet auf Illia.

Julianus. Oh wo bleibst du nur, meine Aphrodite? Ich hoffe nicht, dass dein Hephaistos kommt und mich mit seiner feurigen Wut in Fetzen zerreißt, wenn er von meiner Schwärmerei erfährt. Ach, wäre ich doch Ares, dass ich mich in einem offenen Gefecht ihm widersetzen könnte und du wärst meines, ohne deines Vaters Zutun.

Illia tritt auf und nähert sich ungesehen der Seitengasse.

Was waren es für Zeiten, als Männer noch echte Männer waren.

Illia. Verzeihen Sie mein gnädiger Herr?

Julianus dreht sich erschrocken zu ihr um.

Sind Sie der werte Julianus? Der mich zu einer Zusammenkunft, an solch ungewöhnlichen

Ort, lud?

Julianus *(zu sich).* Was? Erkennt sie mich denn nicht? Sah sie mir nicht einmal ins Gesicht, als ich ihr die Tür offen hielt? Achtete sie nicht auf mich, wlchem Frank auf die Schulter klopfte, wenn er einen seiner Witze riss? *(Verzweifelt.)* Spürte sie nicht einen meiner zaghaft suchenden Blicke, die ihr Antlitz liebkoste?

Illia *(räuspernd).* Ist ihnen nicht wohl?

Julianus. Äh... äh... doch, doch, doch. Ja! Ich bin Julianus? Da wir uns noch nie begegnet, sagen Sie, sind Sie die Tochter des Professors der hiesigen Fakultät?

Illia. Ja die bin ich.

Schweigen tritt ein.

Julianus. Wissen Sie, meine Liebe, die Welt ist kolossal und finster, sogar hier in unserem Ort gibt es düstere Gestalten, denen nichts heilig mehr ist. Manchmal löst sich der ein oder andere Stein aus dem Gefüge der Welt und will uns die Gebeine brechen, damit wir den Schlick und den Modder, von dem wir ansonsten keine Notiz nehmen würden, uns wortwörtlich, vor die Stirn schlagen. – Und insbesondere eine Frau wie ihr es seid, braucht einen Gentleman! Einer, der sich nicht zu fein ist seinen Mantel über solcherlei Schmutz zu werfen, um Euch, sicheren Tritts Eures Weges zu geleiten. *(Wirft seinen Mantel vor ihre Füße.)* Nun, wie es das Schicksal so will, werde ich dieser eine Gentleman sein!

Illia *(hebt den Mantel auf).* Vergebt mir mein Herr! Aber mein Herz gehört...

Julianus unterbricht Illia.

Julianus. Frank! Oh wenn ihr wüsstet, wie es um Frank steht! Und dabei sah ich doch selbst, wie er Euch ansah, wie einen goldenen Manschettenknopf oder anderen Tand, den er nur um des besitzen Willens begehrte. Wie oft hat er euch versetzt, um die Nächte durch zu zechen? Wie oft geschah es, dass er im Rausch ihnen die Jungfräulichkeit nehmen wollte?

Illia *(misstrauisch).* So spricht keiner, der des Anderen noch nie gesehen haben soll. Was verheimlicht ihr mir? Wenn ich wüsste, sagt ihr. Wieso wisst ihr, frage ich!

Julianus. Wieso sagte ich wissen... ich meinte ich hörte von so einigen Dächern, was so die Spatzen erzählen, es ist Stadtbekannt. Wie es auch sei, ich sprach mit Eurem Vater. Sie sind mir versprochen und werden mich ehelichen. Es ist zu Ihrem Besten, zu ihrem Schutz will ich meinen.

Illia *(wirft ihm den Mantel ins Gesicht).* Zu meinem Besten? Zu meinem Schutz? Eitles Männerpack. Ihr redet daher wie mein Vater und soll nun auch noch das Ehebett teilen. Ihr werft Frank vor, mich wie ein nutzloses Ding zu behandeln, dabei sind es doch Männer wie ihr, die es versäumten, dass in der Heiligen Schrift steht, Gott schuf den Menschen. Nicht Gott schuf Mensch und Frau. Was waren es noch für Zeiten als Männer noch Männer waren, voll mit Gefühl und Tatendrang, die ihr Weib auf den Händen trugen und nicht bloß den Mantel warfen.

(Bohrt Julianus den Finger in die Brust.)

Als sie erst das Weib und dann den Vater fragten und nicht einfach mit uns handelten wie ein verrottetes Stück Rinderleber. Was erhofft sich bloß so ein schlaffer Bürokrat wie ihr, von einer Frau wie mir! Es ist endgültig genug, mein Vater tut mir Unrecht, wenn er glaubt, dass ich mich ihm in dieser Angelegenheit beugen würde.

Bei meiner Mutter, es wird Zeit, dass euch beiden, zu groß gewordenen Knaben, die Leviten gelesen werden!

Illia ab.

Julianus *(applaudiert).* Großartig Julianus. Eine Meisterleistung, Julianus. Nicht anders hätte ich es von dir erwartet Julianus! Ein Mann, der es nicht versteht mit Frauen zu sprechen, sollte nicht so töricht sein, sich in seiner ersten Fechtstunde mit seinem eigenen Degen ins Aus zuschlagen. Ist es denn so schwer? Frank ist verrückt geworden! Ich möchte dich vor ihm bewahren, ein glückliches Leben will ich dir schenken.

Ihr Götter, warum segnet ihr jenem mit der losesten Zunge, auch noch mit dem größten Mundwerk? Hätte mich doch der Blitz erschlagen, als ich mich an die Autorität ihres Vaters zu klammern suchte.

Julianus wirft seinen Mantel hin und geht ab.

Einen kleinen Moment später treten Rassmus und Frank auf. Frank geht zum Mantel und hebt ihn auf.

Frank. Soso Julianus und der Herr Professor, Skylla und Schariptis. Rassmus, wir sollten dem Professor einen letzten Besuch abstatten. Die Höflichkeit gebietet es, dass er dich kennen lernt.

Rassmus. Wohl wahr, das gebietet sie. In einem Fall wie diesem. Ich werde deinen alten Lehrmeister auf Herz und Nieren prüfen. *(Schmunzelt.)*

Frank mit verstellter Stimme (Julianus).

Frank. Herr Professor, Herr Professor. Ich bin es Julianus, der Judas. Ich habe versucht meinen Freund zu hintergehen, doch wollte es mir nicht gelingen. Warum bin ich nur so klein, steif und unansehnlich, so hässlich, dass nicht einmal meine Mutter mein Gesicht lieben konnte.

Frank wieder normal.

Wie mache ich mich Rassmus?

Rassmus. Das wird nur die Probe auf das

Exempel gewesen sein.

Frank. Nun heißt es eile, wir wollen das Nest räubern und verlassen haben, bevor das Täubchen heimkehrt.

Beide eilen von der Bühne.

4. Akt 1. Szene

Frank und Rassmus gemeinsam auf der Bühne, Frank als Julianus verkleidet. Rassmus versteckt sich, sobald Frank geklopft hat.

Frank. Herr Professor! Herr Professor! So machen Sie doch auf! Herr Professor! Es ist dringend, es ist wirklich dringend. Hier spricht Julianus, ihr Günstling, wissen Sie noch? Es geht um ihre Tochter! Frank hat vor, Illia mit sich zu nehmen! Bitte es eilt!

Wildes rufen klingt aus dem Haus. Es wird die Treppe runter gerannt.

Prof. Was? Was, sagen Sie da? Zum Teufel mit diesem... *(Öffnet die Tür und erblickt Frank.)...* Frank!

Frank geht auf ihn zu, Rassmus stellt sich hinter den Professor. Sie ziehen ihn ins Haus hinein.

Im Foyer.

Professor stolpert, kriecht über den Boden und schaut zu Rassmus und Frank. Diese gehen langsam auf ihn zu.

Prof. *(wimmert).* Frank, was habt ihr vor, bei Justitiar! Weißt du denn nicht wer...

Frank. Euer Mund beschmutzt den Namen dieser rechtschaffenden Dame. Wie auch immer ihr Julianus dazu brachtet sich Illia zu nähern und wie auch immer ihr Illia dazu brachtet bei euch Widerling zu bleiben. Eure Urheberschaft steht außer Zweifel und eure Strafe ist der Tod.

Prof. Nein, so wartet doch mir diesem vorschnellen Urteil...

Rassmus. Schuldig!

Prof. Was, schuldig? Ihr beide Narren steht vor dem Falschen! Ich bin der, der euch für schuldig erklärt! Ich habe interessante Informationen für dich, Frank! Doch stoße mir den Dolch in den Leib und dir wird es alsbald nicht besser ergehen.

Frank. Nun... So möge der Angeklagte seine Verteidigung vorbringen!

Prof *(hat sich beruhigt und ist sich seiner sicher).* Es war Julianus, der des Nächtens zu mir kam und mir berichtete, dass ihr, neben eurem liederlichen Leben, auch noch Umgang mit dem Bodensatz, dem Abschaum unserer Gesellschaft, führtet. Er drohte mir das Verhältnis zwischen euch und meiner Tochter offen zu legen, so ich ihm Illia nicht zum Weibe gebe. Zugleich fasste er den Plan, euch zu erdolchen, da er wusste, dass weder ich, noch ihr mit solch einer unseligen Verbindung, hätten leben können.

Frank. Eure Zunge scheint stumpf geworden, ich erinnere mich an Lügen aus eurem Munde, die weitaus glaubhafter klangen.

Prof. Ich...

Rassmus. Schuldig!

Frank *(in beruhigendem Tonfall).* Aber Herr

Professor, wer wird denn ins Jammern verfallen, tragt eure Strafe wie ein Mann. Ihr wisst doch was ein echter Mann ist oder? Tröstet euch, ihr seid nicht der erste Mensch, der stirbt und auch nicht der letzte.

Frank setzt dem Professor den Dolch an den Hals.

Aber wenn ihr die Wahrheit spracht *(lässt den Dolch sinken)*... will ich die Höllenqualen für diesen Mord erleiden.

Frank stößt den Dolch in den Bauch des Professors.

Nun ist es Zeit zu gehen, eure Tochter wird jeden Moment heimkehren und gibt mir so die Gelegenheit meinem werten Freund Julianus zur Rede zu stellen. Sterbt nicht zu schnell, wäre doch schade um den Schmerz, den sie gerade spüren. Ist er nicht schön? So ist es doch der Schmerz, der unserem Leben oder in diesem Fall Sterben, seinen Wert gibt.

Frank ab.

Rassmus beugt sich über den Professor.

Rassmus. Ich weiß wohl, dass ihr mich nicht wieder erkennt, doch ich erkenne euch wieder und das hatte euer Schicksal sogleich besiegelt.

Zwanzig Jahre sind seit dem Tage vergangen, da ihr, ein junger Jurist, in der Blüte seines Ruhmes und Lebens, ward. - Ich ein Angeklagter im Scherbenhaufen seiner Existenz, doch bin ich euch nicht zu schade gewesen, eine Sprosse in eurer Leiter zu sein. Keinerlei Achtung brachtet ihr meinen Beweggründen entgegen, einzig meine Tat war es, die euch gierigen Geifer in den Mund trieb. Aber ich vergebe euch mit eurem Tod! Nun will ich die letzten Züge meines Spieles tun.

4. Akt 2. Szene

Illia stürmt in den Raum und findet ihren Vater tot auf.

Illia. Vater! Vater! Wir müssen reden! Es ist endgültig genug. Bis zum heutigem Tag habe ich es nie gewagt, auch nur ein wenig die Stimme gegen Euch zu erheben. Ich mag Eure Tochter sein, doch kann ich es nicht billigen, wie ihr mit mir Handel treibt und der Überzeugung seid, das Beste für mich zu wollen? Ihr verwechselt Euer Wohlergehen, mit dem Meinigen.

Illia sieht ihren toten Vater. Sinkt neben ihm schluchzend auf die Knie.

Vater, oh, wie konnte jemand dir das nur antun? *Greift nach der Hand des Vaters und hält sie sich an die Wange.* Vater, komm du bist ja ganz kalt. Geh mit mir in die Küche und wärme dich an dem Ofen. Mutter macht dir dann noch einen warmen Tee und einen Schnaps für die Nerven.

Vater bitte komm! *(Steigernd mit Variation zum Wüten.)* Du dämlicher Hurenbock, ich habe gesagt du sollst kommen, du fauler, alter Narr. Ich hasse dich. *(Wird wieder weinerlich, trommelt auf der Brust des Vaters, sinkt mit dem Kopf auf die Brust.)* Vater, ich liebe dich.

Illia rennt aus dem Zimmer.

4. Akt 3. Szene

Julianus in Franks Studienzimmer, am Tisch sitzend, vor sich auf dem Tisch seinen Dolch.

Jemand kommt die Treppe hoch, als Julianus dies hört steckt er den Dolch ein.

Illia auf.

Illia *(aufgelöst)*. Frank, wo bist du? Es ist... Julianus? Was tut Ihr zu nächtlicher Stunde hier? Wisst Ihr wo Frank ist? Ich muss zu ihm, diese Nacht birgt unaussprechliches Grauen.

Sagt mir, wo ist er?

Julianus. Wo er ist, kann ich Euch nicht sagen, Illia. Aber bitte setzt Euch doch, Ihr seid so blass, als sei Euch der Tod in die Glieder gefahren. Kann ich etwas tun, um Euer Wohlbefinden zu verbessern?

Illia nimmt Platz.

Illia. Nichts kann meine Sinne erfreuen und mir ein Lächeln entlocken, nie wieder. Und wenn Ihr es doch zustande bringen könntet, wäret ihr grausam und schandhaft. Einer Frau ein Lächeln zu entlocken, die in Trauer ist. Das Leben spottet meiner genug, bringt mich nun nicht dahin, auch noch meiner selbst zu spotten.

Julianus. Welchen Anlass mag Eure Trauer haben?

Illia. Mein Herr Vater ist... *(Blickt Julianus lange an, weicht dann seinem Blick aus und weint.)*

Julianus. Nein. Ahnte er etwa?

Schwere Schritte auf der Treppe.

Illia. Mag das Frank sein?

Julianus *(in heller Aufregung)*. Grausames

Schicksal, bin ich denn verdammt? Jeden Plan, den ich fasse, verdrehst und verdirbst du, bis mir mein Erfolg bitter wie Galle auf der Zunge brennen muss.

Illia, vergebt mir mein ungehobeltes Benehmen.

(*Julianus packt sie an den Schultern und drängt sie zur Tür eines Nebenraumes.*)

Illia. Julianus, was legt ihr Hand an mich? Seid Ihr von allen Sinnen?

Julianus. Wertes Fräulein Illia, bitte, im Namen des Mannes dem unserer beide Herzen gehören.

Bei Frank. Glaubt mir, wenn ich sage, Ihr müsst in dieses Zimmer euch verstecken und die Ohren zuhalten, kein Laut darf an euch dringen und kein Bild.

In diesem Raum wird sich Schreckliches ereignen und Frank würde nicht wollen, dass ihr es mit ansehen müsstet.

Wenn diese Nacht dem Tage weicht, wird er, auch wenn es nun unmöglich scheint, die wirren Geschehnisse dieses Tages erhellen und wir werden verstehen.

Ich flehe euch an.

Illia. Für Frank?

Julianus. Für ... Frank.

Illia ab.

Rassmus und Frank auf.

Frank. Julianus! Mein Freund, schwer bist du zu finden. Erst suchte ich dich in deinem Studienzimmer und dann entsann ich mich, dass neben diesem, mein Heim der Ort ist, an dem du deine Zeit seit jeher verbringst.

Darf ich vorstellen? Dies ist der Fremde, von dem ich dir erzählte.

Julianus. Sei gegrüßt Frank. Was verlangt nach meiner Person so spät in der Nacht? Ich war mir stets sicher, dass ein Verbrecher, der soeben einen seiner Genossen entfesselte, sich anderen Dingen zuwendet, als neue und alte Freundschaftsbande zu verknüpfen.

Frank. In der Tat ist meine Heimsuchung nicht ohne Grund. Ich will dir noch eine Chance geben. Ein letztes Mal biete ich dir einen Platz auf meinem Schiff an, das heute Nacht schon aufbricht zu neuen Ufern.

Julianus. Hör mich an, die Freiheit von der du sprichst, die Zerstörung, die du anstrebst, all das mündet in...

Frank. Chaos? Ganz recht! Aber was sonst bleibt dir, Julianus? Weiter dahin zu vegetieren in deiner hübschen kleinen Welt, von der du glaubst, sie unter Kontrolle zu haben?

Dich weiter an das abgenutzte Gerüst der

Sklavenmoral zu klammern?

In Wahrheit haben wir keinen der Fäden in der Hand, die unser Schicksal lenken. Wir glauben, ja wir hoffen, dass es so ist, weil wir sonst dieses ganze Lügengespinst, in dem wir leben, nicht ertragen würden. Weil wir sonst erwachen würden aus dem Schlaf und den Träumen, in denen wir leben und die kalte nackte Wahrheit erkennen müssten.

Es gibt nichts zu wissen, nichts zu hoffen, nichts zu glauben, es gibt nur uns und das Chaos, in dem wir tanzen bis unsere Leiber zerfallen.

Nichts auf dieser Welt dient einem höheren Ziel, es ist alles ohne Sinn.

Es gibt nur das sich selbst verschlingende, ewig gebärende Chaos.

Julianus. Frank was ich aus deinem Munde höre, das bist nicht du, das ist dieser dort, der dich vergiftete mit seinen Lügen. Er machte dich zu seinem Werkzeug in einem schwachen Moment, in dem du dich selbst verloren glaubtest.

Frank. Genug! Ich sehe, Julianus, du willst nicht erwachen, lieber willst du dein Leben verschlafen.

So nimm mich wenigstens ein letztes Mal in deine Arme und lass uns danach ohne viel Worte voneinander gehen, ich will dich nicht im Streit verlassen.

Julianus versucht Frank zu erstechen.

Frank. Judas! Die Schlange sprach Wahrheit. Du warst es, der den Professor bezirzte und mir Illia entfremden wollte. Ekel und Enttäuschung ringen in mir um die Oberhand, doch soll das meine Hand nicht hemmen.

Frank tötet Julianus.

Julianus röchelt im Sterben.

Julianus. Vergib mir, dass ich dich nicht aus den Klauen der Finsternis zu befreien vermochte. Bitter ist es, im Tode seines eigenen Unvermögens gedenken zu müssen.

Doch nun spüre ich die Wärme und den Frieden, der Tod straft deinen Wahnsinn Lüge.

Frank. Nein! Da sind keine Wärme in dieser Welt und kein Licht, Julianus, hörst du?

Im Sterben wie im Leben sind wir allein, da ist nichts, nur das Vergessen, das sich uns einverleibt.

Rasmus schießt Frank in den Rücken.

Frank wankt und geht in die Knie, sein Gesicht spiegelt Entsetzen und Unverständnis wieder und zuletzt Frieden.

Rasmus. Ruhe sanft, Frank, du gefallener Engel. Lange irrte ich auf den Pfaden, welche vor dir lagen, voller Hass fristete ich mein Dasein, getrieben von den gleichen Wünschen, wie den deinigen, genährt von denselben Gefühlen, die dich stärkten.

Und nun stehe ich am Ende meines Weges. Und halte dich hier auf.

Meine Rache ist vollkommen.

Ich war es, der deine Eltern ermordete, eben weil dein Vater es war, der meine Familie zerstörte und nur mich übersah.

Ein Streich des Schicksals war es, dass mir der gleiche Fehler unterlief, als ich Gerechtigkeit im Tod deiner Eltern suchte.

Und als ich meinem Richter, dem Professor, wie du ihn kanntest, nahezubringen suchte, warum ich so tat, ließ er mich ohne eine Regung seines Herzens in Ketten legen.

Als du zu mir kamst, spürte ich erneut den

Hauch des Schicksals, der mich streifte und erkannte in welche Richtung er mich tragen sollte.

Der Sohn des Mörders meiner Eltern war das Werkzeug meiner Rache an dem, der mich in Ketten legte, obwohl ich lediglich der Gerechtigkeit Genüge tat.

Wir sind uns so ähnlich Frank und eben daher musst du sterben, denn der eine Stein bringt den nächsten ins Rollen und so sehr ich die Welt auch verachte, kann ich sie, nachdem meine Rache vollendet ist, nicht mehr genug hassen, um ihr dich zu senden. Deine Sonne Stand im Zenit und so wird man sich deiner erinnern.

Wozu noch sprechen, wenn doch keiner lauscht?

Ruhe sanft, Frank.

Illia auf.

Illia. Was ist geschehen? Wer seid Ihr? Ein Mörder! So sehe ich kein Blut an euch, hinterhältig müsst ihr sie gemeuchelt haben.

Illia erhebt den Dolch.

Ihr habt mir alles genommen und was sehe ich an euch, ist das nicht die Pistole meines Vaters? Du Monstrum, selbst der Tod wäre noch zu gut für dich.

Warum hast du sie umgebracht? Warum?

Rasmus nickt und geht auf Illia zu.

Illia stößt Rassmus den Dolch in den Leib und schreit auf, dieser sinkt zusammen.

Illia steht da und lässt den Dolch fallen, einen Moment lang steht sie alleine im Raum.

Herstellung und Verlag:
BoD - Books on Demand, Norderstedt
ISBN 978-3-7386-4645-0